AUGUSTO CURY

Antiestresse para todos

AUGUSTO CURY

Antiestresse para todos
Controle a ansiedade colorindo a vida

PARA CRIANÇAS E ADULTOS

2ª Edição
2024

Benvirá

Copyright © Augusto Cury, 2024.

Direção executiva Flávia Alves Bravin
Direção editorial Ana Paula Santos Matos
Gerência editorial e de produção Fernando Penteado
Gerenciamento de catálogo Isabela Ferreira de Sá Borrelli
Edição Paula Sacrini
Design e produção Jeferson Costa da Silva (coord.)
Verônica Pivisan Reis
Revisão Juliana Bormio
Diagramação Mônica Landi
Adaptação de capa Lais Soriano
Impressão e acabamento EGB Editora Gráfica Bernardi Ltda

Dados Internacionais de Catalogação na Publicação (CIP)
Vagner Rodolfo da Silva – CRB-8/9410

C982a	Cury, Augusto
	Antiestresse para todos / Augusto Cury. – 2. ed. – São Paulo : Benvirá, 2024.
	48 p. : il.
	ISBN: 978-65-5810-407-0 (impresso)
	1. Autoajuda. 2. Relaxar. 3. Pintar. 4. Desenho. 5. Cores. 6. Colorir terapêutico. 7. Bem-estar. 8. Desestressante. 9. Foco. 10. Harmonia. I. Aureliano. II. Título.

	CDD 158.1
2024-448	CDU 159.947

Índices para catálogo sistemático:

1. Autoajuda	158.1
2. Autoajuda	159.947

2ª edição, março de 2024

Nenhuma parte desta publicação poderá ser reproduzida por qualquer meio ou forma sem a prévia autorização da Saraiva Educação. A violação dos direitos autorais é crime estabelecido na Lei n. 9.610/98 e punido pelo art. 184 do Código Penal.

Todos os direitos reservados à Benvirá, um selo da Saraiva Educação.
Av. Paulista, 901, Edifício CYK, 4º andar
Bela Vista - São Paulo - SP - CEP: 01311-100

SAC: sac.sets@saraivaeducacao.com.br

CÓD. OBRA 7046   CL 671314   CAE 860472

Nas sociedades democráticas, o ser humano tem o direito de eleger seus líderes, mas muitos não são líderes de sua própria mente, não investem nas suas habilidades como gestores de seus pensamentos. Liberdade não é apenas ter o direito de ir e vir, mas também de caminhar livremente dentro de si, sem ser sugado pelos fantasmas mentais — fobias, timidez, autopunição, sofrimento por antecipação, ruminação de perdas e mágoas, ciúme, preocupação com a opinião dos outros, insônia. Que tipo de fantasma assombra sua emoção?

Como digo nos livros *Ansiedade – como enfrentar o mal do século*, *Gestão da emoção* e *Felicidade roubada*, controlar o estresse é mais do que poder expressar ideias, dialogar, sonhar, trabalhar; é penetrar nos porões da mente, fazer uma mesa-redonda com tudo o que nos controla, acender a luz da razão. Controlar o estresse é, acima de tudo, superar a solidão social, fazer companhia para si mesmo, pacificar seus conflitos e ter um caso de amor com sua qualidade de vida.

Noventa e nove por cento das pessoas nas mais diversas sociedades democráticas estão livres, e menos de 1% vive encarcerado em presídios, condenado por seus crimes. Mas, sob o ângulo da gestão da emoçao, os números se invertem. A maioria está encarcerada pelo estresse, e são raros aqueles que são livres, serenos, tranquilos, regados pelo prazer e saturados de sentido de vida.

Nesta obra, *Antiestresse para todos: Controle a ansiedade colorindo a vida*, você vai encontrar múltiplas ferramentas para ter autocontrole. Cada frase é um instrumento de gestão da sua emoção. Enquanto estiver colorindo com alegria e paciência e descobrindo os segredos de cada imagem, procure refletir lenta e atentamente sobre cada uma delas. Pense, reflita e absorva o seu conteúdo.

Este livro, portanto, é muito mais profundo; é um livro para pintar a vida, para transformá-lo em um artista plástico que trabalha na tela mais complexa e importante que existe: a emoção. Você tem o direito de fazer parte da população emocionalmente livre, do grupo de pessoas que têm um romance com sua própria história. Vamos colorir sua vida!

Nunca desista: por mais que erre e tropece,
dê sempre uma nova chance a si mesmo.
Enquanto descobre os segredos desta imagem, viva a
primeira lei da qualidade de vida: renuncie a ser perfeito.

Rompa o cárcere da mesmice,

ande por espaços inexplorados,
busque ver o que está além dos seus olhos.

O dinheiro compra bajuladores, mas não amigos.

Compra a cama, mas não o sono.

Compra pacotes turísticos, mas não a alegria.

Compra todo tipo de produto, mas não uma mente livre.

Ser sábio não significa ser perfeito, não falhar, não chorar e não ter momentos de fragilidade.

Ser sábio é usar cada dor como uma oportunidade para aprender lições, cada erro como uma ocasião para corrigir caminhos, cada fracasso como uma chance para recomeçar.

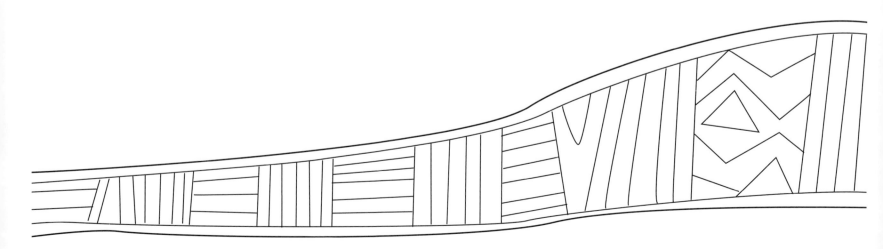

Quem faz muito do pouco é muito mais estável e saudável do que quem precisa de muito para sentir migalhas de prazer.

Quem quer deixar um legado
tem de abandonar o egoísmo e pensar no outro,
pois a regra de ouro das ciências humanas é:
sou feliz e saudável apenas quando invisto na
felicidade e no bem-estar das pessoas.

Só conseguimos construir o futuro se temos coragem de enterrar o passado e nos reinventar.

Crises são etapas da vida.

A dor bem trabalhada

nos torna mais fortes emocionalmente.

É melhor a verdade dolorida
do que a mentira com anestesia,
pois quem não é transparente esconde
seus fantasmas nos porões da sua mente.

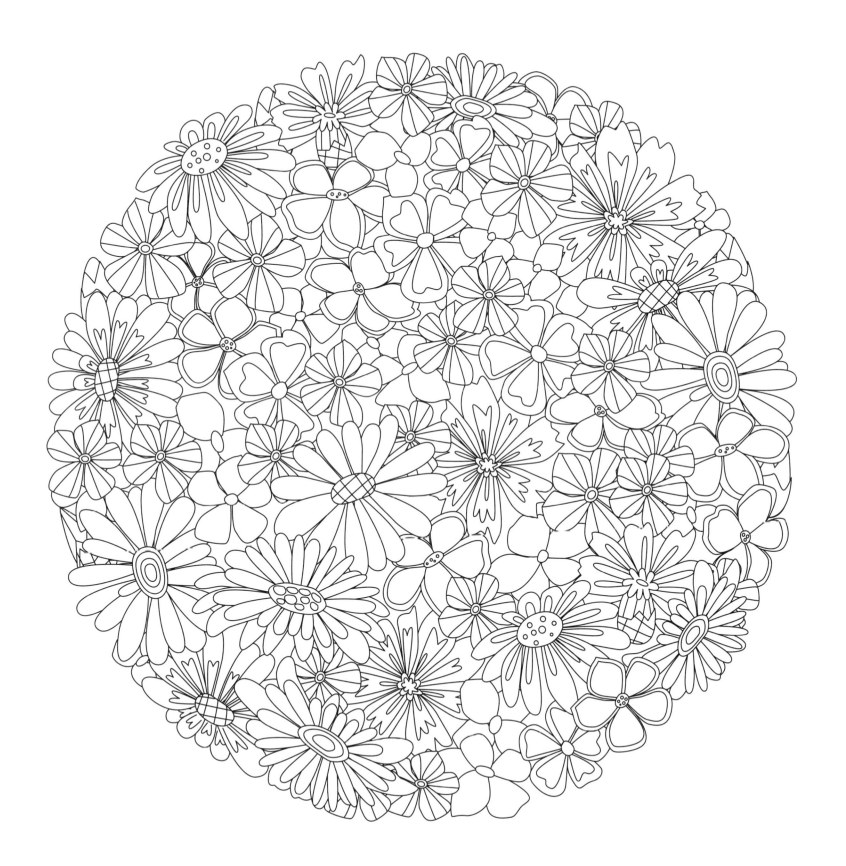

Uma pessoa verdadeiramente grande se faz pequena para tornar grandes os pequenos.

Todas as escolhas implicam perdas. Quem não estiver preparado para perder o trivial não é digno de conquistar o essencial. E, se formos amigos da sabedoria, descobriremos que o essencial são as pessoas que amamos.

Não tenha medo de fracassar;

e, se fracassar, não tenha vergonha de chorar;

e, quando chorar, repense sua vida;

mas não desista, dê sempre uma nova

chance para si e para quem você ama.

Quem cobra demais de si retira o oxigênio da própria liberdade, asfixia a criatividade.

O exemplo não é apenas uma boa forma de educar;

é a mais poderosa e eficiente.

O exemplo grita mais do que as palavras.

Pensar é bom; pensar com lucidez é ótimo;
porém, pensar demais é uma bomba contra a saúde psíquica,
o prazer de viver e a criatividade.
Seu desafio é desacelerar a sua mente.

Quem cobra excessivamente de si pode ser ótimo

para a sociedade e para sua empresa,

mas certamente será seu próprio carrasco.

Quem se arrisca a andar por ares nunca antes respirados ou pensar fora da curva tem grandes chances de encontrar pedras no caminho.

Não há céu sem tempestade.

Risos e lágrimas, sucessos e fracassos, aplausos e vaias fazem parte do currículo de cada ser humano, em especial daqueles que são apaixonados por produzir novas ideias.

Sem aprender a trabalhar perdas e frustrações,
você se torna refém de seus conflitos.
Não tenha medo da dor,
tenha medo de não reciclá-la.

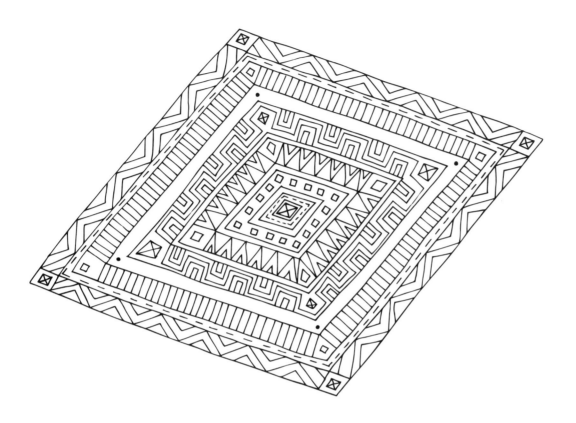

Quem vence sem dificuldades triunfa sem grandeza.

A vida é um grande contrato de risco.

Ninguém muda ninguém.

Temos o poder de piorar os outros e não de mudá-los.

Podemos apenas contribuir para que se reciclem.

Broncas, chantagens e críticas excessivas

só cristalizam o comportamento que rejeitamos.

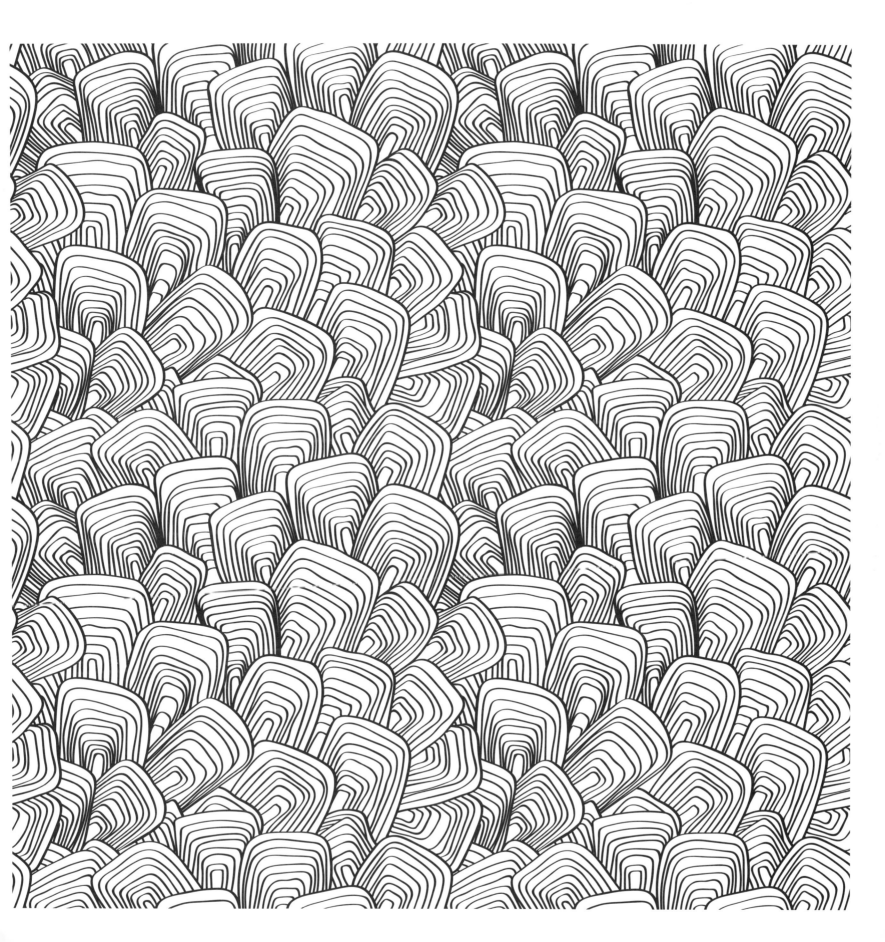

Quem não se reinventa é um barco sem leme, sem bússola.
É empurrado pela vida, e não o condutor dela.

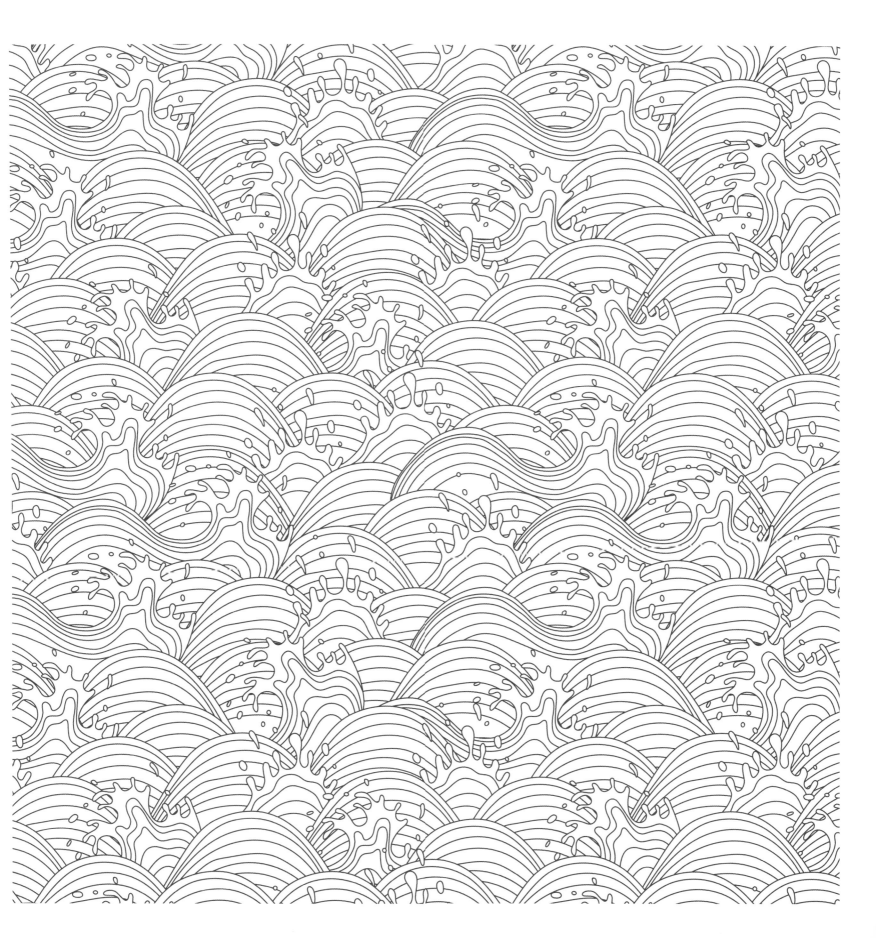